BEI GRIN MACHT SICH IH
WISSEN BEZAHLT

- Wir veröffentlichen Ihre Hausarbeit,
  Bachelor- und Masterarbeit

- Ihr eigenes eBook und Buch -
  weltweit in allen wichtigen Shops

- Verdienen Sie an jedem Verkauf

Jetzt bei www.GRIN.com hochladen
und kostenlos publizieren

Bibliografische Information der Deutschen Nationalbibliothek:

Die Deutsche Bibliothek verzeichnet diese Publikation in der Deutschen National-
bibliografie; detaillierte bibliografische Daten sind im Internet über http://dnb.d-
nb.de/ abrufbar.

Dieses Werk sowie alle darin enthaltenen einzelnen Beiträge und Abbildungen
sind urheberrechtlich geschützt. Jede Verwertung, die nicht ausdrücklich vom
Urheberrechtsschutz zugelassen ist, bedarf der vorherigen Zustimmung des Verla-
ges. Das gilt insbesondere für Vervielfältigungen, Bearbeitungen, Übersetzungen,
Mikroverfilmungen, Auswertungen durch Datenbanken und für die Einspeicherung
und Verarbeitung in elektronische Systeme. Alle Rechte, auch die des auszugsweisen
Nachdrucks, der fotomechanischen Wiedergabe (einschließlich Mikrokopie) sowie
der Auswertung durch Datenbanken oder ähnliche Einrichtungen, vorbehalten.

Impressum:

Copyright © 2018 GRIN Verlag
Druck und Bindung: Books on Demand GmbH, Norderstedt Germany
ISBN: 9783346124166

Dieses Buch bei GRIN:

https://www.grin.com/document/534850

Adelisa Osmanovic

Das Massaker von Wolhynien. Der ukrainische-polnische Konflikt

Die ethnische Säuberung in Wolhynien

GRIN Verlag

GRIN - Your knowledge has value

Der GRIN Verlag publiziert seit 1998 wissenschaftliche Arbeiten von Studenten, Hochschullehrern und anderen Akademikern als eBook und gedrucktes Buch. Die Verlagswebsite www.grin.com ist die ideale Plattform zur Veröffentlichung von Hausarbeiten, Abschlussarbeiten, wissenschaftlichen Aufsätzen, Dissertationen und Fachbüchern.

Besuchen Sie uns im Internet:

http://www.grin.com/

http://www.facebook.com/grincom

http://www.twitter.com/grin_com

Inhaltsverzeichnis

1. Einleitung

Die blutigen Auseinandersetzungen zwischen den Ukrainern und Polen, die im Laufe des Krieges ihren Höhepunkt fanden und weiter bis 1947 andauerten bezeichnet man in der Literatur für gewöhnlich als den ukrainisch-polnischen Konflikt. Jedoch gingen die Ereignisse, die sich im Jahre 1943 im mehrheitlich ukrainischen Wolhynien abspielten weit über die Bedeutung eines „Konflikts" aus. Der antipolnische Massenmord, ausgeübt von ukrainischen Nationalisten kostete Tausende Polen und auch Ukrainer das Leben.

Der Wunsch nach legitimer Herrschaft und einer unabhängigen, ethnisch reinen Ukraine führte zu einer Mordorgie, die bis heute ihre Spuren in der Geschichte hinterlassen hat.

Neben dem Holocaust und den direkten Opfer des Zweiten Weltkrieges, wurden aufgrund des ukrainisch-polnischen Konflikts in den Jahren 1943 und 1947 zwischen 50.000 und 100.000 Polen und Ukrainer in Wolhynien und Ostgalizien ermordet und 1,5 Millionen Menschen mussten ihre Heimatdörfer verlassen.[1] Wolhynien, sowie das restliche östliche Gebiet des Zwischenkriegpolens erlebten zwischen 1939 und 1944 eine dreifache Besatzung und Säuberungen nach Säuberungen.

Die Frage, die sich nun stellt, ist wie es zu diesem Massenmord kommen konnte? Was waren die Ursachen und Gründe, und wie konnte ein solches Verbrechen unter einer ethnisch gemischten Bevölkerung eines gleichen Gebiets passieren?

Die Auseinandersetzung mit diesem Thema fing eigentlich erst nach dem Zerfall der Sowjetunion an, da die sowjetische Zensur es davor nicht erlaubte.[2] Rossolinski-Liebe, der sich in seiner neuesten Monographie „Der polnisch-ukrainische Konflikt im Historiendiskurs" von 2017 mit diesem Thema gründlich auseinandersetzte, erkennt das Problem der Geschichtsschreibung und die stark vorhandene Nicht-Objektivität in der Forschungsliteratur, wenn es um die antipolnische Massengewalt von 1943/44 in Wolhynien und Ostgalizien geht.[3] Dieses Problem der Nicht-Objektivität führte zu völlig verschiedenen Interpretationen.

---

[1] Vgl. Snyder, Timothy: To Resolve the Ukrainian Problem Once and for All. The Ethnic cleansing of Ukrainians in Poland, 1943-1947, in: Journal of Cold War Studies 1 (1999) 2, S. 86-120, hier S. 87.

[2] Vgl. Rossolinski-Liebe, Grzegorz: Der polnisch-ukrainische Konflikt im Historiendiskurs. Perspektiven, Interpretationen und Aufarbeitung. Wien 2017, S. 144.

[3] Ebd., S. 147.

[4]Polnische Historiker reduzierten den Konflikt nur auf das Massaker und die ukrainischen Anschläge gegen polnische Zivilisten, während andere Aspekt des Konflikts, wie die polnischen Gegenangriffe auf ukrainische Zivilisten Ignoriert wurde.[5] Die ukrainischen Historiker dagegen, reduzierten ihre Version der Geschichte auf die ukrainischen Opfer des polnischen Terrors.[6] Und dann gab es noch die sogenannten „Versöhner" unter den Historiker, die sich dafür einsetzten die Aufarbeitung der Geschichte kritisch zu reflektieren und möglichst viele Facetten des Massenmords herauszuarbeiten.[7]

In dieser Hausarbeit werde ich mich also mit dem Massaker von Wolhynien beschäftigen. Ich werde versuchen es im Rahmen des zweiten Weltkrieges darzustellen, indem ich zuerst den historischen Kontext darlege und zusammenfasse. Dann werde ich die politischen und militärischen Organisationen vorstellen und deren Funktion im Krieg und dem Massenmord niederlegen. Der Schwerpunkt wird allerdings auf dem Ereignis an sich und dessen Gründen liegen. Es geht mir darum den Verlauf, die Methoden und die Opferzahlen zu illustrieren, und mich dann auf die Gründe und den Zusammenhang des Massakers mit dem Zweiten Weltkrieg zu konzentrieren. Dieses Kapitel beende ich mit einer knappen Erwähnung der polnischen Vergeltungsakten und beende die Arbeit schließlich mit dem Thema der Kollaboration. Das Ziel der Arbeit ist somit eine grobe Darstellung des Massakers von Wolhynien, die uns helfen soll die Gründe und Ursachen einer solchen Tat zu verstehen. Die Lage der Juden in Wolhynien kann aufgrund des beschränkten Umfangs dieser Hausarbeit leider nicht weiter ausgeführt werden, dennoch ist die Erwähnung des Genozids für den weiteren Verlauf des Massakers unentbehrlich. Die Literatur, die zur Darstellung und Ausarbeitung des Themas gedient hat, waren vor allem die Arbeiten und Monographien der Historiker Rossloniski-Liebe, Snyder und Kappeler. Weitere Autoren wie zB. Kochanski, Ther, Rudling und Bruder haben ebenso zum weiteren Verständnis der Probleme weitergeholfen. Die Quellen, habe ich aus Kosyks Dokumentensammlung, Berichten, wie die von Lotnik und Pietrowski entzogen.

---

[4] Vgl. Rossloniksi, Konflikt, S. 24.

[5] Ebd., S. 147.

[6] Ebd.

[7] Ebd., S. 148.

3

2. Historischer Kontext

Als eine administrative Einheit durchlebte Wolhynien verschiedene Besatzungsphasen.[8] Im Jahre 1921 wurde es in zwei geteilt indem es durch die Polnisch-Sowjet Grenze durchtrennt wurde.[9] Während der Zhitomir-Bezirk, der ungefähr ein drittel Ost-Wolhyniens beinhaltete unter die sowjetische Herrschaft kam, erhielt Polen die „Provinz Wolhynien, die aus den restlichen zwei drittel des Gebiets bestand.[10] Diese Grenzen blieben dann bis zum Zweiten Weltkrieg bestehen.

Nach dem Hitler-Stalin-Pakt, auch bekannt als der Molotov-Ribbentrop-Pakt, vom 23. August 1939 besetzte die Sowjetunion Ost-Galizien, West-Wolhynien und die restlichen Gebiete Ost-Polens, das Nazi-Deutschland erhielt dagegen einen großen Teil der westlichen und Zentralterritorien des Gebietes.[11]

So fielen zum ersten Mal alle von den Ukrainern besiedelten Gebiete, außer der Karpaten-Ukraine, unter die Herrschaft der Sowjetunion, was ungefähr 85% der ukrainischen Bevölkerung des Vorkriegspolens betrug.[12] Für die neuen Territorien bedeutete das eine Reintegration in das Sowjetische System: ein großer Teil der alten Elite wurde verhaftet und in die östlichen Gebiete der Sowjetunion deportiert.[13] Bei den Deportierten handelte es sich vor allem um Polen, aber darunter waren auch viele Juden und Ukrainer, die schließlich durch Kader aus der Ostukraine ersetzt wurden.[14] Ungefähr 200 000 Polen wurden nach Sibirien deportiert und im Laufe der nächsten zwei Jahren flüchteten weitere 100 000 aus der Westukraine in das Generalgouvernement.[15] Für die Westukrainer schienen die Anfänge der Sowjetherrschaft zunächst vielversprechend.[16] Immerhin bedeutete es für sie das Ende einer

---

[8] Vgl. Spector, Shmuel: the Holocaust of Volhynian Jews. 1941-1944. Israel 1990, S. 7.

[9] Ebd. S. 8.

[10] Ebd.

[11] Vgl. Kappeler, Andreas: Kleine Geschichte der Ukraine, München 2014, S. 215; Rossolinski-Liebe, Georgs: Debating, obfuscating and disciplining the Holocaust: post-Soviet historical discourses on the OUN–UPA and other nationalist movements, in: East European Jewish Affairs 42 (2012) 3, Abingdon 2012, S.199-241, hier S. 202.

[12] Vgl. Kappeler, Geschichte, S. 215; Snyder, Problem, S. 93.

[13] Vgl. Kappeler, Geschichte, S. 215.

[14] Ebd.

[15] Vgl. Snyder, Problem, S. 93.

[16] Vgl. Kappeler, Geschichte, S. 216.

4

jahrelangen polnischen Dominanz.[17] Allerdings änderte sich die Lage nach dem im Jahre 1940 einsetzenden Terrorregime.[18]

Die ukrainischen Nationalsozialisten kamen mit ihrer Verwirklichung des unabhängigen Staats nicht voran, und erhofften sich somit mit der Deutschen Invasion der Sowjetunion mehr Glück.[19] Diese fand am 22. Juni 1941 in dem von der Sowjetunion okkupierten Polen statt und ist auch unter dem Namen „Barbarossa Operation" bekannt.[20] Am Anfang hießen die Polen sowie die Ukrainer die Deutschen willkommen. In der Anfangszeit schien es noch als würden die Nationalsozialisten den Polen ihre Führung in der lokalen Administration lassen, allerdings änderte sich die Situation schon im Herbst, als die Deutschen die polnischen Gebiete neu aufteilten.[21] Ostgalizien und die Provinz Bialystok wurden in das Generalgouvernement eingegliedert, die Provinzen Wilna, Nowogrodek und Poles kamen ins Reichskommissariat Ostland, geleitet von Heinrich Lohse und Wolhynien bekam Teil des Reichskommisariat Ukraine, geführt von Erich Koch.[22] Dies veränderte die Lage für die Polen und bedeute den Untergang für den polnischen Staat.[23]

Auch für die Ukrainer wurde die Lage schlimmer. Im Reichskommissariat wurden von den deutschen Besatzern brutale Herrschaftsformen gegen das Volk eingesetzt. Im August 1942 definierte Erich Koch, der Reichskommisar, die Aufgabe der Ukraine auf folgender Weise: „Es gibt keine freie Ukraine. Das Ziel unserer Arbeit muss sein, dass die Ukraine für Deutschland arbeitet, und nicht, dass wir das Volk hier beglücken […] Für die Haltung der Deutschen im Reichskommissariat ist der Standpunkt maßgebend, dass wir es mit einem Volk zu tun haben, das in jeder Hinsicht minderwertig ist […]"[24] Es wurden über 2 Millionen Ukrainer als Zwangsarbeiter ins Reich in die Verbannung geschickt; Hunderttausende starben an Hunger, Krankheiten und Folter in deutscher Gefangenschaft und Ende des Jahres 1941

---

[17] Vgl. Snyder, Problem, S. 93.

[18] Vgl. Kappeler, Geschichte, S. 216.

[19] Vgl. Snyder,Problem, S. 94.

[20] Vgl. Kochanski, Halik: The Eagle Unbowed: Poland and the Poles in the Second World War, Cambridge 2012, S. 257.

[21] Ebd., S. 261.

[22] Vgl. Kochanski, Eagle, S. 261; Kappeler, Geschichte, S. 218.

[23] Vgl. Snyder, Timothy: The Reconstruction of Nations. Poland, Ukraine, Lithuania, Belarus, 1569-1999. New Haven 2003, S. 154.

[24] Vgl. Kappeler, Geschichte, S. 218.

zogen die Einsatztruppen der SS sogar gegen die OUN los.[25]

Im Sommer 1944 wurden die Deutschen schließlich aus der Ukraine verjagt, und die Sowjetunion „redrew the Polish-Ukrainian border".[26]

Im Frühling 1945 fielen somit das ganze polnische Gebiet und deren Einwohner wieder unter die Herrschaft der Sowjetunion.[27]

Der Zweite Weltkrieg und die immer wieder neuen Aufteilung der Gebiete Wolhyniens und Ostgaliziens hatten schlimme Konsequenzen für das ukrainische und polnische Volk. Die Ereignisse die daraus resultierten kosteten viele Menschen das Leben und dabei ist die Frage nach der legitimen Herrschaft Wolhyniens und Ostgaliziens heute noch ein strittiges Thema.

Für heutige Polen waren Ostgalizien und Wolhynien in den Jahren 1943 bis 1945 legitime Gebiete der polnischen Herrschaft.[28] Nach dem Ersten Weltkrieg wurden sie nach einem internationalen Beschluss zu Polen annektiert und somit herrschte Polen über zwanzig Jahre rechteßig über diese Territorien.[29]

Die heutigen Ukrainer richten sich natürlich gegen die Aussage der Polen und behaupten, dass Wolhynien und Ostgalizien schon immer der Ukraine angehörten.[30] Abgesehen von dem Vorwurf, der auf den Ersten Weltkrieg zurückzuführen ist[31], basiert diese Behauptung vor allem auf ethnographische Gründe, da auf diesen zwei Gebieten deutlich mehr Ukrainer lebten als Polen.[32]

3. Die politischen und militärischen Organisationen

3.1. Die politische „Organisation Ukrainischer Nationalisten" (OUN)

Die politische Organisation Ukrainischer Nationalisten (Orhanizatsiia Ukrains'kykh Natsionalistsiv, OUN) wurde 1929 von ukrainischen Veteranen des Ersten Weltkrieges in

---

[25] Vgl. Kappeler, Geschichte, S. 219.

[26] Vgl. Snyder, Reconstruction, S. 154.

[27] Ebd.

[28] Vgl. Snyder, Problem, S. 88.

[29] Vgl. Snyder, Problem, S. 88.

[30] Ebd.

[31] Vgl. Kosyk, Volodymyr: Das dritte Reich und die ukrainische Frage. Dokumente 1934-1944, München 1985, S. 10.

[32] Vgl. Snyder, Problem, S. 88.

Wien gegründet.[33] Das Ziel dieser Veteranen war die Gründung eines freien ukrainischen Staates, das nach dem Ersten Weltkrieg unter die polnischen Herrschaft kam.[34] Noch vor der OUN gründeten ukrainische Nationalisten 1920 die Ukrainische Militärische Organisation (Ukrains'ka Vis'kova Orhanizatsiia, UVO) in Prag, die allerdings wenig Unterstützung bei der ukrainischen Bevölkerung fand.[35] Die OUN dagegen hatte eindeutig mehr Erfolg und schaffte es die Ukrainer davon zu überzeugen, dass das nationalsozialistische Deutschland und das faschistische Italien gute potentielle Alliierten seien und es allein die OUN schaffen könnte einen souveränen und unabhängigen ukrainischen Staat zu gründen.[36] Die OUN, deren Werte vor allem auf dem Faschismus, Antisemitismus und dem Rassismus basierten, zählte schließlich schon vor dem Ausbruch des Zweiten Weltkrieges zur populärsten Partei.[37] Die Haltung der OUN gegenüber der „ethnischen Reinheit des postulierten Staatsgebiets" verschlimmerte sich allerdings nach dem Einmarsch der Nationalsozialisten.[38] Da die Westukraine, die Ostgalizien und Wolhynien beinhaltete, nach dem Angriff Deutschlands in die Herrschaft der Sowjetunion fiel, und die OUN-Mitglieder große Hoffnungen auf Nazi-Deutschland setzten, verließen viele die besetzten Gebiete der Sowjetunion und ließen sich im Generalgouvernement nieder.[39] Für diese, die in der Westukraine blieben, hieß es entweder untertauchen oder sich an die politischen Umstände anpassen.[40]

Nachdem sich die UNDO und andere ukrainische Parteien während dem Zweiten Weltkrieg auflösten, blieb die OUN die einzige Partei in der Westukraine.[41] Doch im Frühling 1941, auf dem Zweiten Kongress in Krakau, als sich Bandera zum *providnyk* erklärte, kam es zu der Organisationsspaltung und die OUN teilte sich in die OUN-B, die von Stefan Bandera geleitet

---

33 Vgl. Rossolinski, Holocaust, S. 201.

34 Ebd.

35 Ebd.

36 Ebd.: Hier wird der Konkurrenzkamp zwischen der OUN und der UNDO (Ukrainischen Nationaldemokratischen Vereinigung) angedeutet.

37 Ebd., S. 201-202.

38 Vgl. Ther, Philipp: Die dunkle Seite der Nationalstaaten. » Ethnische Säuberungen « im modernen Europa, Göttingen 2011, S. 139.

39 Vgl. Rossolinski, Holocaust, S. 202.

40 Ebd.

41 Vgl. Snyder, Reconstruction, S. 164.

wurde, und die OUN-M, dessen Führer Andrii Mel'nyk wurde.[42] Die OUN-Bandera, die ihre Basis in Galizien hatte, bestand vor allem aus jungen und radikalen Mitglieder; die OUN-M war dagegen eine vor allem aus einer älteren Generation den OUN-Aktivisten und aus Emigranten bestehende Gruppe, die auch für ihre enge Zusammenarbeit mit Deutschland bekannt war.[43] Die Beziehung zwischen den beiden Fraktionen blieb bis zum Schluss schwierig, was sogar dazu führte, sie sich in den Jahren 1940 und 1941 gegenseitig bekämpften.[44] Die OUN-B blieb der stärkere Flügel, die OUN-M entwickelte sich zu einer „outright collaborationist force".[45]

Nach der unerwarteten und nicht von deutschen Nationalsozialisten unterstützten Staatsausrufung der Westukraine, die am 30. Juni 1941 in Lemberg stattfand, wurde ein großer Teil der OUN-B verhaftet, deportiert und ermordet.[46] Bandera und Stets'ko wurden nach Berlin in das KZ-Sachsenhausen verfrachtet und kamen erst im Herbst 1944, nach einer erneuten Kooperation mit den Deutschen frei.[47]

Im August 1943 fand der dritte Kongress der OUN statt, der besagte, dass die Organisation nun demokratisch werden würde.[48] Diese Änderung hatte jedoch einen bestimmten Grund: da die Niederlage Deutschlands feststand, und die Nationalsozialisten die Hauptalliierten der OUN-B waren, musste sich die Führerschaft der OUN-B neue Alliierte im Westen suchen, um gegen die Sowjetunion zu kämpfen.[49] „The same people who had advocated ethnic purity, territorial expansion and genocide only a couple of years earlier were now courting Roosevelt

---

[42] Ebd.; Vgl. Rossolinski, Holocaust, S. 202; Rudling, Per Anders: Historical representation of the wartime accounts of the activities of the OUN–UPA (Organization of Ukrainian Nationalists—Ukrainian Insurgent Army), in: East European Jewish affairs 36 (2006) 2, Abingdon 2006, S. 163-189, hier S. 166; Rossolinski, Grzegorz: Stepan bandera: The life and afterlife of a ukrainian nationalist: Fascism, genocide, and cult, Stuttgart 2014, S. 176.

[43] Vgl. Kappeler, Geschichte, S. 216; Rudling, Representation, S. 166.

[44] Vgl. Snyder, Reconstruction, S. 164.

[45] Rudling, Representation, S. 166.

[46] Vgl. Ther, Seite, S. 139; Kochanski, Eagle, S. 260; Rossolinski, Holocaust, S. 203: Hitler missbilligte die Proklamation des unabhängigen ukrainischen Staates, die von Stets'ko ausgerufen wurde.

[47] Ebd.; Vgl. Bruder, Franziska: „Den ukrainischen Staat erkämpfen oder sterben!". Die Organisation Ukrainischer Nationalisten (OUN) 1929-1948, Berlin 2007, S. 57.

[48] Vgl. Rudling, Representation, S. 169.

[49] Ebd.

instead of hitler and affirmier their Attachment to Western values."[50] Doch in dieser Zeit, als der Dritte Kongress im August stattfand, und die OUN-B-Mitlgieder Demokratie und Gerechtigkeit für Minderheiten versprachen, wurden von der, von der OUN-B geführte, nationale Armee UPA Gräueltaten und Terrorakte an der polnischen Bevölkerung in Wolhynien ausgeübt.[51]

Es war Banderas Teil der OUN, nun geleitet von Mykola Lebed' und später von Roman Shukhevych, der versuchte „einen selbständigen ukrainischen Staat in den von der Wehrmacht besetzten Gebieten mit ukrainischer Bevölkerung zu errichten"[52] und das Massaker von Wolhynien ausübte.[53] Neben der OUN-M gab es noch die „original UPA of Tara Bol'ba-Borovets", die als Rivalen von der OUN-B zählten und deswegen im Jahr 1943 vernichtet wurden.[54]

3. 2. Die militärischen Organisationen UPA und AK

Als die Zusammenarbeit mit den deutschen Besatzern im Herbst 1941 in die Brüche ging und ungefähr 4/5[55] der OUN-B-Mitglieder verhaftet oder ermordet wurde, musste sich die OUN-B neu organisieren.[56] Die OUN-B entschied, ihren organisatorischen Fokus auf Selbstschutzstrukturen zu legen, die in einem weiteren Schritt den Aufbau der militärischen Organisation, der UPA, ermöglichten.[57] Die ersten Abteilungen der nationalen Armee entstanden in Polesien und Wolhynien im Sommer/Herbst 1942.[58] Das offizielle Gründungsdatum der UPA, der 14. Oktober 1942, wurde zum ersten Mal in einer Erklärung

---

[50] Vgl. Rudling, Representation, S. 169.

[51] Ebd., S. 170.

[52] Struve, Kai: Deutsche Herrschaft, ukrainischer Nationalismus, antijüdische Gewalt: Der Sommer 1941 in der Westukraine, 2015, S. 2.

[53] Vgl. Snyder, Reconstruction, S, 164; Struve, Herrschaft, S. 2.

[54] Vgl. Snyder, Reconstruction, S. 164.

[55] Vgl. Snyder, Reconstruction. S. 164.

[56] Vgl. Bruder, Staat, S. 155, 201.

[57] Ebd. S. 201.

[58] Ebd. S. 178; Vgl. Golczewski, Frank: Die Kollaboration in der Ukraine, in: Christoph Diekmann/ Babette Quinkert/ Tatjana Tönsmeyer (hg.), Kooperation und Verbrechen. Formen der Kollaboration im östlichen Europa 1939-1945, Göttingen 2003, S. 151-182, hier S. 176.

des „Ukrainischen Hauptbefreiungsrates" vom 30. Mai 1947 genannt.[59] Das Ziel der nationalen Armee war ein freier ukrainischer Staat.[60] Der Grund für ihre Entstehung lag besonders an der damaligen Kriegslage. „Entscheidend war die deutsche Besatzungspolitik, vor allem im Reichskommissariat Ukraine, das Auftauchen der sowjetischen Partisanen in Wolhynien und der Handlungsdruck, der von der ukrainischen Bevölkerung ausging."[61] Die ukrainische Bevölkerung benötigte, laut der OUN-B mehr Sicherheit. Geleitet wurde die UPA von der Führerschicht der OUN-B Mitglieder, die entweder ehemalige Mitglieder der Bataillone „Nachtigall" und „Roland" oder desertierte Mitglieder der ukrainischen Polizei waren.[62] Die restlichen Mitglieder der Armee rekrutierten sich größtenteils aus jungen ukrainischen Männern, aber auch aus ehemaligen ukrainischen Polizisten, aus ehemaligen OUN-B Mitgliedern oder auch aus „aufgelösten ukrainischen Freischärler-Einheiten"[63].[64]

Auf der polnischen Seite kämpfte die Heimatsarmee, Armia Krajova (AK) für die Sicherheit der Polen. Die polnische Heimatsarmee wurde im Februar 1942 gegründet und vom General Stefan Rowecki geleitet.[65] Sie zählte, in der Zeit ihres Höhepunkts, 380 175 Männer, von denen, 62 133 im Kampf gegen die Deutschen ums Leben kamen; die Zahl der Opfer des Warschauer Aufstands betrug zusätzliche 10 200 Männer der Heimatsarmee.[66]

Wolhynien wurde die 27. Infanteriedivision der AK zugeteilt, die aus rund 6000 Soldaten bestand.[67] Somit waren Truppen der AK in Wolhynien waren wesentlich kleiner als die der UPA.[68] Während sich die Operationen der AK hauptsächlich auf die Kommunikationswege der deutschen Truppen konzentrierten, griffen Partisanen der UPA Wolhynien an.[69] So wurde

---

[59] Vgl. Bruder, Staat, S. 178.

[60] Vgl. Golczewski, Kollaboration, S.176.

[61] Bruder, Staat, S. 202.

[62] Ebd.

[63] Golczewski, Kollaboration, S. 176: Poliska Sic unter Tara Borovec, der sich Tara Bul'ba nannte

[64] Vgl. Bruder, Staat, S. 202.

[65] Vgl. Korbonski, Stefan: The Polish Underground State. A Guide to the underground, 1939-1945, New York 1978, S. 57.

[66] Ebd.

[67] Ebd., S. 155.

[68] Ebd.

[69] Ebd.

es zur Hauptaufgabe der Heimatstruppen sich vor allem auf den Schutz und die Verteidigung der polnischen Bevölkerung gegen die UPA-Partisanen zu konzentrieren.[70] Die Menschen wurden in sogenannten „bases" installiert, die allerdings nicht bestens ausgerüstet waren, was den Schutz der Zivilisten erschwerte.[71]

Der Konflikt der beiden Militärischen Organisationen AK und UPA zählt zu den besonders kritischen Punkten der polnisch-ukrainischen Beziehungen.[72]

4. Die ethnische Säuberung in Wolhynien

4. 1. Verlauf des Massakers

„By 1943 something like one-quarter of the Volhynian population had experienced national violence in one form or another, as victim, accomplice, or both."[73]

Ab Februar 1943 erklärte die OUN „a deliberate policy of murdering Polish civilians to help resolve the Polish question in Ukraine."[74] Bereits Ende des Jahres 1942 ermordeten ukrainische Nationalsozialisten in Wolhynien erstmals die polnischen Einwohner eines gemischt besiedelten Dorfes, bald darauf gingen die Attacken auf die restlichen Dörfer über.[75] Im Februar und März 1943 begann die UPA schließlich mit den Vernichtungsaktionen.[76] Die massenhaft durchgeführten Morde deuten auf eine organisierte und geplante Aktion.[77] Besonders die Nacht vom 11. bis zum 12. Juli prägte die Geschichte des Massakers; innerhalb von zwei Tage wurden 146 Dörfer angegriffen, und 4330 Menschen ermordet.[78] Im ganzen Juli zählte man 520 attackierte Dörfer und zwischen 10 000 und 11 000 Tote der polnischen

---

[70] Vgl. Rossolinski, Konflikt, S. 37.

[71] Vgl. Korbonski, Underground, S. 155.

[72] Vgl. Boeckh, Katrin: Stalinismus in der Ukraine. Die Rekonstruktion des sowjetischen Systems nach dem zweiten Weltkrieg, Wiesbaden 2007, S. 82-83.

[73] Vgl. Snyder, Causes, S. 200.

[74] Snyder, Problem, S. 98.

[75] Vgl. Ther, Seite, S. 140.

[76] Vgl. Rossolinski, Konflikt, S. 37.

[77] Ebd.

[78] Vgl. Rossolinski, Konflikt, S. 37; Snyder, Problem, S. 99; Rudling, Representation, S. 172: Hier gibt es unterschiede bei der Anzahl der attackierten Dörfer. Snyder erwähnt nur den 11. Juli und nennt 80 Dörfer während Rossolinski vom 11. und 12. Juli berichtet und weit über 80 Orte zählt; Rudling dagegen berichtet über 167 attackierte Orte.

11

Bevölkerung.[79]

The extermination of the Polish people who lived in Western Ukraine by the Ukrainian Nationalist began in Wolyn at the end of 1942, gradually moving from east to west. In February of 1943, the regions of Sarny, Kostopol, Rowne, Zdolbunowo i Krzemieniec were most threatened. Until June1943, it spread to the reagions of Dubno and Luck, in July to Horochow, Wlodzimierz and Kobel. At the end of 1943 all of Wolyn became a territory of tragic occurences. The Ukrainian fascists under the Banner of the OUN, inciting the uniformen Ukrainian populace, turned their weapons against the Polish people.[80]

Die UPA-Soldaten und die mobilisierten Bauern, die sich der nationalen Armee anschlossen, ermordeten im Frühling und im Sommer mindestens 40 000 polnische Zivilisten.[81] Die Methoden, die benutzt wurden um die Menschen zu töten waren mehr als nur menschenentwürdigend. Die polnischen Zivilisten, ob Männer, Frauen oder Kinder wurden auf die möglich grausamste Art getötet.[82] Tausende flohen in die Sümpfe und Wälder Wolhyniens, die nicht nur für die polnische Zivilisten zum sichersten Ort wurden, sondern auch für viele andere Gruppen, ob sowjetische Partisanen, Juden oder Deserteure jeglicher Truppen.[83] Während die meisten nach Westen flohen und die Nachrichten in Chelm, Lviv und Przemysl überbrachten, verbündeten sich andere mit den sowjetischen Truppen um gegen die UPA zu kämpfen.[84]

4. 2. Methoden und Opferzahlen

The naked remains of women often showed signs of mutilation — their vaginas had usually been slit open. Even small girls had been carved with knives and bayonets. I remember the body of a woman which lay uncovered, a nightshirt clutched in one hand, on the threshold of a burnt-out house.[85]

Wie bereits im vorherigen Kapitel angedeutet, werden hier nun die brutalen Methoden der Vernichtungsaktionen und die resultierenden Opferzahlen genauer untersucht. Die

---

[79] Vgl. Rossolinski, Konflikt, S. 37.

[80] Szczesniak and Szota, S. 165, übern. v. Piotrowski, Tadeusz: Vengeance of the Swallows: Memoir of a Polish Family's Ordeal Under Soviet Aggression, Ukrainian Ethnic Cleansing and Nazi Enslavement, and Their Emigration to America, London 1995. S. 61.

[81] Vgl. Snyder, Problem, S. 98-99.

[82] Ebd.

[83] Vgl. Snyder, Problem, S. 99; Kochanski, Eagle, S. 363.

[84] Ebd.

[85] Lotnik, Waldemar: Nine Lives. Ethnic conflict in the polish-ukrainian borderlands, London 2015, S. 67.

Massengewalt der Aufstandsarmee nahm sehr barbarische Formen an.[86] Gesamte Dörfer wurden niedergebrannt, polnische Zivilisten, darunter auch Frauen und Kinder wurden misshandelt, in Stücke gerissen, und zum Teil mit Utensilien wie Äxten oder Heugabeln ermordet.[87] Auch die Kreuzigung war eine beliebte Methode des Tötens; dabei wurden auch oft Körperteile wie Genitalien, Augen oder Zungen abgeschnitten.[88]

Die Ethnische Säuberung traf nicht nur ganze Gemeinschaften und Dörfer, sie wurde auch innerhalb der gemischten Familien durchgeführt.[89] In solchen Fällen wurden die polnischen Ehepartner und deren Kinder getötet während man den ukrainischen Ehepartner am Leben lies.[90]

Auch Kirchen, mit Menschen die Zuflucht in ihr suchten, wurden gnadenlos niedergebrannt.[91] Der Lemberger Erzbischof Twardowski beschrieb in einem Brief, der an seinen unierten Kollegen Andrei Septyckii gerichtet war: „ Die Morde, die an meinen Kaplänen und der Bevölkerung des lateinischen Bekenntnisses verübt wurden, haben die Grenze der individuellen Rache, oder auch der persönlichen, privaten und politischen Abrechnungen bereits überschritten."[92] Doch die Friedensappelle brachten nichts, die Kämpfe entwickelten sich zu einem Flächenbrand, der den gesamten Südosten der Zweiten polnischen Republik erfasste.[93]

Die extrem polen-feindliche Art der OUN überraschte sogar die Deutschen und wurden von ihnen als „Ausrottung" bezeichnet.[94] Die OUN behandelte die Polen dabei auf einer sehr ähnlichen Art, wie die Nationalsozialisten die Juden.[95] Die Polen mussten zum Beispiel ein bestimmtes Identifikationszeichen an den Kleidern tragen, damit sie gleich erkannt wurden.[96]

---

[86] Vgl. Rossolinski, Konflikt, S. 37.

[87] Ebd.; Snyder, Problem, S. 99.

[88] Vgl. Rudling, Representation, S. 172.

[89] Ebd.

[90] Ebd.

[91] Ebd.

[92] Brief vom 15. Oktober 1943, übern. v. Ther, Seite, S. 140.

[93] Vgl. Ther, Seite, S. 140.

[94] Vgl. Rudling, Representation, S. 168.

[95] Ebd.

[96] Ebd.

13

Ein weiteres Beispiel war die Brutalität des Massakers, das mit der des Holocaust zu vergleichen ist. Diese Brutalität des Bürgerkrieges erklärt sich aus der Schwäche der ukrainischen Nation, die in ihrem verzweifelten Kampf gegen die sowjetischen Partisanen und die vermutlich kollaborierenden Polen „auf jedes Mittel setzten".[97] Die Eskalation des Bürgerkriegs lag nicht nur an den Polen und Ukrainern, die NKVD und die SS haben sich mindestens genau so brutal verhalten.[98]

In Wolhynien 1939 betrug die Zahl der polnischen Bevölkerung rund 400 000 Menschen, das ungefähr 16% der ganzen Einwohner Wolhyniens waren; 1943 zählte man nur noch rund 200 000 Polen.[99] Die Zahlen der Todesopfer vom Massaker 1943 variieren jedoch. Viele starben andere sind geflohen oder wurden vertrieben, dies lässt sich heute schwer unterscheiden. Vor dem Zerfall der Sowjetunion wurde die Problematik des polnisch-ukrainischen Konflikts und der Ethnischen Säuberung in Wolhynien und Ostgalizien fast gar nicht ausgearbeitet.[100] Das lies der weiteren Forschung viel Raum für Spekulation über den Ausmaß der Gewalt und der Opferzahlen.[101] Viele Autoren nennen Zahlen, die entweder zu hoch oder zu niedrig sind. Polnische Historiker, die eine engere Verbindung zu den Ereignissen hatten, tendierten oft dazu, zu übertreiben, während ukrainische Historiker die Verbrechen verallgemeinerten oder gar ignorierten.[102]

Ein weiteres Problem stellt die Unklarheit über Ort- und Zeitangabe dar. Da sich diese Arbeit nur auf den Völkermord in Wolhynien bezieht, wäre es falsch Zahlen zu nennen, die auch die Opfer der Morde in Ostgalizien miteinbegriffen, ohne dies zu erwähnen.

Rossolinski, dessen Werk letztes Jahr erst erschienen ist, und somit den neuesten Forschungsstand bietet, nennt 50 bis 60 000 polnische Opfer in Wolhynien und 20 bis 25 000 in Ostgalizien. [103]

---

[97] Vgl. Ther, Seite, S. 141.

[98] Ebd.

[99] Vgl. Rudling, Representation, S. 171.

[100] Vgl. Rossolinski, Konflikt, S. 61, 62.

[101] Vgl. Rossolinski, Konflikt, S. 61.

[102] Ebd., S. 61-62.

[103] Vgl. Rossolinski, Konflikt, S. 38.

14

Die Zahlen von Kappeler (60 - 80 000 Polen)[104] und Boeckh (60 - 100 000 Polen)[105] stimmen denen von Rossolinski ungefähr überein. Ther dagegen schätzt 30 bis 50 000[106] polnische Zivilisten in Wolhynien und Ostgalizien, was viel weniger ist als die Opferzahl der anderen Autoren.

Die Anzahl der ukrainische Todesopfer, die durch Gegenschlägen der polnischen Untergrundarmee starben, beträgt ungefähr 20 000 Menschen.[107]

4. 3. Gründe

Was die Ursachen für den Ausbruch des Massakers waren liegt zum einen an dem langen Ukrainisch-Polnischen Konflikt, der sich über Jahrzehnte vollzog, zum anderen hat aber der Krieg die Verwirklichung der Tat ermöglicht. Auch der Historiker Timothy Snyder beschäftigt sich in mehreren Arbeiten ausführlich mit dem Thema der Gründe und Zusammenhänge der ethnischen Säuberung von 1943 und dem Zweiten Weltkrieg und hinterfragt, wie es dazu kommen konnte; denn es ist durchaus denkbar einen reinen ukrainischen Staat zu wollen, doch wie war es möglich diesen Gedanken in die Tat umzusetzen?[108]

Es herrschte Krieg, die Sowjets und Nazis bekämpften sich gegeneinander, trotzdem wussten die Westukrainer dass die Polen den historischen Anspruch auf Wolhynien und Ostgalizien behalten würden, wenn sie nichts unternehmen.[109] Der Krieg würde enden doch Polen würde sich mutmaßlich weigern die Ostgebiete aufzugeben.[110] Also dürften die Ukrainer den Schluss des Krieges nicht abwarten sondern müssten gleich in die Offensive gehen, bevor Einsatzkräfte aus Zentralpolen geschickt werden konnten.[111]

---

[104] Kappeler, Geschichte, S. 222.

[105] Boeckh, Stalinismus, S. 83.

[106] Ther, Seite, S. 141.

[107] Vgl. Kappeler, Geschichte, S. 223; Rossolinski, Konflikt, S. 38; Kochanski, Eagle, S.362: Ein nennt 10 000 ukrainische Todesopfer.

[108] Vgl. Snyder, Reconstrction, S. 155.

[109] Vgl. Snyder, Problem, S. 94.

[110] Vgl. Snyder, Problem, S. 95.

[111] Ebd.

Die OUN sah in der Spaltung Polens und in den Niederlagen der Sowjetunion die Gelegenheit den 1919/1920 gescheiterten ukrainischen Nationalstaat wieder zu errichten.[112] So schreibt Ther: „Ursache der Gewalt waren Versuche, im Rahmen des Zweiten Weltkrieges homogene Nationalstaaten zu errichten. Für Minderheiten gab es in der Ideologie der radikalen Nationalisten keinen Platz"[113].

Hier geht es nun darum die sogenannten Ursachen gründlicher zu differenzieren. Snyder analysiert und stellt in seinem Aufsatz „Causes of ukrainian-polish ethnic cleansing" vom Jahre 2003 drei Gründe auf, die er für die Eskalation des polnisch-ukrainischen Konflikts zuständig machte.

Ein erster Grund, und wahrscheinlich der wichtigste, wäre der Streit um die legitime Herrschaft der Gebiete Wolhynien und Galizien.[114] Nach dem Ersten Weltkrieg war die Ukraine kein selbstständiger Staat mehr; sie wurde 1921 zwischen das bolschewistische Russland und Polen aufgeteilt.[115] Als der polnische Staat dann aber im Zweiten Weltkrieg zerstört wurde und Polens ukrainische Territorien an die Sowjetunion fielen, sahen die Ukrainer die alten Grenzen der Zwischenkriegszeit als zerstört und die Möglichkeit einer neuen selbständigen Ukraine, mit all ihren zugehörigen Territorien wieder vorhanden.[116] „In any event, henceforth no west-Ukrainian politician of any orientation would have argued for its reconstitution in lands where Ukrainians could be reckoned a majority: Volhynia and Galicia."[117] Der Kampf um die Territorien und den selbständigen ukrainischen Staat können somit sicherlich zur Hauptursache des Konflikts, bzw. des Massakers von 1943 gelten.

Der zweite Grund war die Fähigkeit zur ethnischen Säuberung, auf die später bei den Zusammenhängen mit dem Zweiten Weltkrieg, näher eingegangen wird.[118] Die ukrainischen Nationalisten hatten, durch eigene Beteiligung in der deutschen Polizei, gelernt wie man eine

---

[112] Vgl. Ther, Seite, S.139.

[113] Ebd., S. 149.

[114] Vgl. Snyder, Causes, S. 203.

[115] Ebd.

[116] Ebd.

[117] Ebd., S. 203-204.

[118] Vgl. Snyder, Causes, S. 208.

ethnische Säuberung durchzuführen hatte, so schreibt Snyder: „The lessons learned were applied to Poles."[119]

Der dritte und somit letzte Grund basiert auf der Ideologie der ethnischen Homogenität und den damaligen Umständen.[120] Die Vorstellung von einer reinen, Polen-freien Ukraine war tief in den Wurzeln des Denkens der ukrainischen Nationalisten verankert:

> Ukrainian nationalists believed that Poles, as a national group, were a hindrance to the project of building a Ukrainian state. The Poles were defined not as a radial but as a political collectivity, expected to behave according to a predictably anti-Ukrainian political logic, therefore to be removed to achieve the political end of Ukrainian statehood.[121]

Nachdem die Hauptgründe genannt wurden, ist es wichtig diese im Rahmen des Zweiten Weltkrieges weiter zu erläutern. Denn erst die Umstände, wie bereits im letzen Punkt erwähnt, haben die Ausführung der Taten ermöglicht. Auch hier wende ich mich an den Historiker Timothy Snyder, der in seinem Aufsatz „To revolve the Ukrainian Problem once and for all" von 1999 zehn Faktoren nennt, die aufgrund der damaligen Umstände das Massaker realisiert haben.

Die wichtigsten Faktoren werden hier nun zusammengefasst: Bereits die erste Invasion und Besatzung schien den Ukrainern neue Hoffnungen und Möglichkeiten zu eröffnen einst mal ukrainische Gebiete zurückzuerobern; so stellte der Hitler-Stalin-Pakt von 1939 für die Ukrainer ein besonderes Ereignis dar, während die Polen es als Verrat verstanden.[122] Ein weiterer Faktor waren die „horrible temptations"[123]. Nachdem eine große Masse der polnischen Elite während der sowjetischen Besatzung von 1939-1941 die östlichen Gebiete der Sowjetunion deportiert wurde, wurden die Polen zu einer einfachen Zielscheibe für die ukrainische Nationalisten.[124] Die deutsche Besatzung erleichterte wiederum die Bekämpfung der Polen, indem sie ukrainische Männer als Offiziere einstellten, und somit die Verfolgung

---

[119] Vgl. Snyder, Causes, S. 212.

[120] Ebd.

[121] Snyder, Causes, S. 232.

[122] Ebd., S. 89.

[123] Ebd., S. 90.

[124] Vgl. Snyder, Causes, S. 90.

17

der Polen vereinfachte.[125] Der Holocaust, als nächster Faktor, zeigte den ukrainischen Nationalisten, wie eine ethnische Säuberung durchgeführt wurde; er zeigte es nicht nur vor, sondern lehrte die ukrainischen Nationalisten, die zu einem großen Teil selbst daran beteiligt waren, wie es geht.[126] „Der Krieg im Krieg folgte nur den Mustern der allgemeinen Kriegsführung und dem negativen Beispiel des Holocaust."[127] Nicht nur die Beteiligung am Holocaust wird den ukrainischen Nationalisten vorgeworfen, Kollaboration an sich, zählt mit zu den Faktoren. Sie wurde sowohl von der ukrainischen als auch der polnischen Seite geleistet, dennoch führten diese gegenseitigen Beschuldigungen zur weiteren Zuspitzung des Konflikts.[128] Ein weiterer, sehr wichtiger Faktor, der im Rahmen des Zweiten Krieges erst möglich wurde, waren die militärischen Organisationen UPA und AK: „The legitimste bearers of authority on both sides were no longer political institutions such as parties or governments, but were instead partisan armies."[129] Die Lage verschärfte sich nicht nur bei den Soldaten und Kämpfern, auch die zivile Bevölkerung war von diesem „Schleier des Krieges" bedeckt.[130] Die Polen und Ukrainer bekamen, die in aller Öffentlichkeit begangenen Verbrechen, täglich vorgeführt; der Krieg veränderte die Einstellungen der zivilen Bevölkerung.[131] Ein starker Rechtsextremismus verbreitete sich, und Werte wie Treue oder Verrat wurden durch die extreme „ethnic conception of national identity" sehr bedeutsam.[132]

4. 4. Racheakte

Nach den Attacken im Sommer 1943 flohen viele Polen aus Wolhynien, andere blieben da und schlossen sich entweder der AK, den sowjetischen oder den deutschen Truppen an um die Verbliebenen zu schützen oder die Verstorbenen zu rächen.[133]

---

[125] Vgl. Snyder, Causes, S. 90.

[126] Ebd.

[127] Ther, Seite, S. 141.

[128] Vgl. Snyder, Problem, S. 90.

[129] Ebd.

[130] Ebd., S. 91.

[131] Vgl. Ther, Seite, S. 139.

[132] Vgl. Snyder, Problem, S. 91.

[133] Vgl. Snyder, Reconstruction, S. 172.

„Dabei begingen polnische AK-Soldaten, Polen in der deutschen Polizei und in den sowjetischen Partisaneneinheiten auch zahlreiche Morde an ukrainischen Zivilisten."[134] Man zählte ungefähr hundert polnische Selbstverteidigungstruppen.[135] Viele Polen verbündeten sich mit den Deutschen, arbeiteten als deutsche Polizeimänner, um sich an den Ukrainern zu rächen, so betrug die Zahl der Polen, die der deutschen Polizei beitraten um 12 000 Männer.[136]

Obwohl die polnische Regierung verbot, den ukrainischen Zivilisten anzugreifen, waren einige Racheakte waren mit den Gewalttaten, der ukrainischen Nationalisten, gleichzusetzen bloß, dass diese an einer geringeren Zahl von Menschen ausgeübt wurden.[137]

„I Felt no remorse for my part in what happened: this was war and revenge at least. The Ukrainians in turn Took their revenge by destroying a village of 500 Poles and torturing and killing all who fell into their hands. We responded by destroying two of their villages.[138]"

5. Kollaboration mit den Nationalsozialisten

Da, aufgrund des beschränkten Umfangs der Hausarbeit, das Thema der Kollaboration nicht näher ausgeführt werden kann, wird in diesem Kapitel eine knappe Darstellung des Phänomens der Kollaboration mit den Nationalsozialisten und der gegenseitigen Beschuldigung präsentiert.

In der polnischen Historiographie wurde die Kollaboration mit den deutschen Besatzern in Wolhynien prinzipiell verschwiegen und tabuisiert.[139] Es wurde seit der deutschen Invasion 1939 ein Selbstbild propagiert, dass Polen das einzige Land sei, das nicht mit den Deutschen kooperierte.[140] Die Zusammenarbeit der ukrainischen Nationalisten mit den Deutschen wurde

---

[134] Rossolinski, Konflikt, S. 38.

[135] Vgl. Snyder, Reconstruction, S. 172.

[136] Ebd.

[137] Ebd., S. 174; Rossolinski, Konflikt, S. 38.

[138] Lotnik, Lives, S. 65.

[139] Vgl. Rossolinski, Konflikt, S. 47.

[140] Vgl. Friedrich, Klaus-Peter: Zusammenarbeit und Mittäterschaft in Polen 1939-1045, in: Christoph Diekmann/ Babette Quinkert/ Tatjana Tönsmeyer (hg.), Kooperation und Verbrechen. Formen der Kollaboration im östlichen Europa 1939-1945, Göttingen 2003, S. 113-151, hier S. 114.

dagegen bis ins kleinste Detail beschrieben.[141] So wurde vor allem den Ukrainern von jüdischer, polnischer und russischer Seite immer wieder Kollaboration mit den Deutschen und Beteiligung am Massenmord der Juden vorgeworfen.[142] Obwohl auch Polen in der Judendiskriminierung beteiligt waren.[143]

Aus ukrainischer Perspektive, hat man die eigene Kollaboration nicht als solche empfunden, sie diente nämlich nur zur Legitimation und der Gründung des ukrainischen Staates; die polnische Zusammenarbeit wurde dagegen verpönt und bestraft.[144]

Die einzigen Gewinner waren die Deutschen; sie profitierten von der gegenseitigen Verdächtigung, „in dem sie je nach Bedarf mit Ukrainern, gelegentlich mit Polen kooperierten"[145].

Anfangs stimmte der Vorwurf gegen die Ukrainer schon. Vor allem in den ersten Monaten der deutschen Besatzung, erhofften sie sich Hilfe und eine Besserung der Lage, nach den schweren Jahren unter der Herrschaft des Stalinismus.[146]

Da die OUN mit ihrem Programm und ihren Aktionen den Bestand Polens sowie den der Sowjetunion gefährdete, setzten diese alles um den Ukrainern das Recht auf einen eigenen Staat zu verweigern.[147] Dies hatte zu Folge, dass sich die OUN alle möglichen Verbündeten suchte, die ihr bei der Verwirklichung ihres Plans helfen könnten.[148] Die Hilfe erhofften sich die Ukrainer auch bei Deutschland, jedoch muss, laut Kosyk, hervorgehoben werden, dass die OUN ausschließlich im Interesse des eigenen Volkes handelte und die Deutschen nur dafür benutzte um diese zu verwirklichen.[149] Die OUN-Zeitschrift „Ukrajinske Solowo" richtete sich sogar mehrfach gegen die deutsche Politik und hob später hervor, dass sie sich von den

---

[141] Vgl. Rossolinski, Konflikt, S. 47.

[142] Vgl. Kappeler, Seite, S. 220; Frank Golczewski, Die Kollaboration in der Ukraine, in: Christoph Diekmann/ Babette Quinkert/ Tatjana Tönsmeyer (hg.), Kooperation und Verbrechen. Formen der Kollaboration im östlichen Europa 1939-1945, Göttingen 2003, S. 151.

[143] Vgl. Friedrich, Zusammenarbeit, S. 149.

[144] Vgl. Snyder, Problem, S. 97-98.

[145] Ther, Seite, S. 140.

[146] Vgl. Kappeler, Seite, S. 220.

[147] Vgl. Kosyk, Reich, S. 11.

[148] Ebd.

[149] Ebd.

deutschen Besatzern weder Unterstützung noch die Unabhängigkeit erwarteten, und dass nur der Krieg die Lage für das ukrainische Volk verbessern könne.[150] (siehe Dok Nr. 7 und 9.) Jedoch darf man nicht ausser Acht lassen, dass die Kollaboration trotzdem stattgefunden hatte.[151]

Während der dreijährigen deutschen Besatzung der Westukraine, haben die Nationalsozialisten stets mit dem Ukrainischen Zentralkomitee (Ukraiinsk'kyi Tsentral'nyi Komitet, UtsK) und den Mitgliedern der OUN-M kollaboriert. 1943 und 1944 wurde die Waffen-SS Division Galizien, mit rund 8000 ukrainischen Soldaten, auf Initiative des ukrainischen Zentralkomitees errichtet.[152]

Die Forschung ist sich jedoch über das Ausmaß der ukrainischen Kollaboration mit den Deutschen nicht ganz einig.[153] Kappeler schreibt dazu folgende Zeilen: „Es ist verständlich, dass aus der Perspektive der Juden und der Polen, die viel schlimmer unter der Besatzungspolitik zu leiden hatten, die Ukrainer als Volk von Kollaborateuren erschienen. Der Historiker muss solche pauschalen Schuldzuweisungen indessen zurückweisen. Die Ukrainer waren ebenso wenig Kollaborateure wie Antisemiten. Zahlreiche Ukrainer ließen sich als Instrumente der Gewaltpolitik missbrauchen und beteiligten sich an der Ermordung von Juden. Auch unterließen es ihre politischen Organisationen, gegen die Vernichtung der Juden zu protestieren. Die überwiegende Mehrheit der Ukrainer wirkte aber nicht aktiv am Terror der deutschen Besatzer mit, sondern hatte selber unter ihm zu leiden"[154].

Die Polen, wie bereits im vorherigen Kapitel angedeutet, schlossen sich nach den Angriffen in Wolhynien mehreren Gruppen, auch den Deutschen, an, um sich entweder zu schützen oder zu revanchieren. Im April 1943 rekrutierten die Deutschen ungefähr 1200 polnische Polizisten um die ukrainische Deserteure, die sich der UPA anschlossen, zu ersetzen.[155] Diese Kollaboration, die von den OUN-Mitgliedern und UPA-Partisanen schwerst akzeptiert wurde[156], ist als solche schwer anzuerkennen.

---

[150] Vgl. Kosyk, Reich, S. 14.

[151] Vgl. Rossolinski, Debating, S. 203.

[152] Vgl. Kappeler, Seite, S. 221.

[153] Vgl. Kappeler, Seite, S. 221.

[154] Ebd.

[155] Vgl. Snyder, Causes, S. 223.

[156] Ebd., S. 224.

21

6. Fazit

Wolhynien machte im Laufe des Zweiten Weltkriegs eine Reihe von Besatzungen durch, die das Gebiet und deren Einwohner von Jahr zu Jahr schwächten und weitere Übel verursachten. Von 1939 bis 1941 wurde Wolhynien von der Sowjetunion besetzt, dann 1941 von Deutschland und 1944 erneut von der Sowjetunion. Der Krieg und die Verbrechen, die begangen wurden, führten unvermeidlich zu einer Schwächung des Gefühls der Heiligkeit bei den Menschen und erweckten das starke Bedürfnis nach nationaler Freiheit. Genau diese beiden Faktoren führten schließlich zu den Ereignissen, die sich im Jahre 1943 dann abspielten.

Der ukrainisch-polnische Konflikt fand im Frühjahr 1943 seinen Höhepunkt. In der Westukraine versuchte die ukrainische nationalistische Bewegung (OUN) die politische Macht zu ergreifen. Das Ziel war ein selbständig und ethnisch reiner ukrainischer Staat, was jegliche Minderheiten ausschloss, was in diesem Fall die polnische Bevölkerung betraf. Sie meinten nämlich dass, die Polen, als nationale Gruppe, sie an der Gründung des ukrainischen Staats hindern würden und deswegen mussten sie eliminiert werden Die Entpolitisierung, die im Frühling 1943 einsetzte, und von Einheiten der Ukrainischen Aufstandsarmee verursacht wurde, zählte zwischen 50 und 60.000 polnische Opfer. Polnische Zivilisten wurden auf grausamste Art und Weise ermordet, ihre Häuser und Dörfer niedergebrannt. Die Angriffe auf die Dörfer und die Morde an deren polnischen Einwohnern zogen sich über das ganze Jahr hinweg. Die ukrainischen Nationalisten der OUN-Bandera und deren militärische UPA-Einheiten waren die Hauptakteure dieser Aktion.

Und um auf die Fragestellung dieser Arbeit zurückzukommen, was die hauptsächlichen Gründe dafür waren und wie sie in Verbindung zum Zweiten Weltkrieg erst verwirklicht werden konnten, muss eins klar sein. Ethnische Konflikte entstehen dort, wo zwei Länder oder Nationen die politische Macht in einem bestimmten Territorium beanspruchen. dies war auch hier der Fall. Der Streit um die legitime Herrschaft ist der Hauptgrund, der alles ausgelöst hat. In Wolhynien, das einst mal der Ukraine gehörte, nach dem ersten Weltkrieg jedoch in die Herrschaft Polens fiel, lebten zum größten Teil Ukrainer. Mit dem Argument der Mehrheit auf wolhynischem Boden nahmen sich ukrainische Nationalisten somit das Recht das Land für sich zu beanspruchen.

Ein weiterer Grund, der das Massaker erst ermöglichte, war die Fähigkeit zur ethnischen Säuberung. Die ukrainischen Nationalisten, bzw. Mitglieder der UPA, hatten durch eigene

Beteiligung in der deutschen Polizei, als Hilfspolizei, Erfahrung in Massenmord und Säuberungen. In den Jahren 1941 und 1942 beteiligten sich die ukrainischen Nationalisten an dem Genozid der Juden und halfen bei der Liquidierung der Gettos. Die Männer hatten Erfahrung mit Massenmord und waren dadurch fähig das erlernte Morden an der polnischen Bevölkerung auszuüben.

Ein letzter wichtiger Grund war die Ideologie der ethnischen Reinheit. Im Unterschied zum deutschen Nationalismus, wurden die Polen nicht als eine minderwertige Nation angesehen, sie sollten nur nicht auf ukrainischem Boden leben. Auf dem Territorium der Ukrainer sollten auch ausschließlich Ukrainer leben. Deshalb mussten die Polen vernichtet werden.

Der Krieg bot die perfekte Unterlage für die Verwirklichung des Plans der ukrainischen Nationalisten. Es waren die Umstände, der Chaos und Krieg jeder gegen jeden, die die ganze Arbeit erleichterten. Nach der deutschen Invasion wurde Polen zerstreut und die alten Grenzen aufgelöst. Dazu haben die Sowjets eine große Menge der polnischen Elite verhaftet und deportiert, die deutschen Nationalisten, dann ukrainische Männer als Hilfspolizisten eingestellt, was die Verfolgung der Polen wieder erleichterte.

Die Kollaboration mit den Deutschen spielte auch eine wichtige Rolle. Die gegenseitige Beschuldigung diente als Argument und Rechtfertigung zum töten. Während schließlich beide Seiten gelegentlich mit den Deutschen zusammenarbeiteten, wurde die Kollaboration des anderen wesentlich als schlimmer und unverzeihlicher empfunden. Die militärischen Einheiten, die im Nachhinein entstanden und deren Unterstützung, die sie von der örtlichen Bevölkerung bekamen, haben schließlich die Theorie in die Praxis umgesetzt. Durch den Schleier des Krieges, die Verbrechen, die vor den Augen der Zivilisten ausübt wurden, haben die Menschen das Gefühl der Menschlichkeit verloren.

So wurde der Massenmord im Rahmen de Zweiten Weltkriegs verwirklicht.

7. Quellen- und Literaturverzeichnis

Primärliteratur

Piotrowski, Tadeusz: Vengeance of the Swallows: Memoir of a Polish Family's Ordeal Under Soviet Aggression, Ukrainian Ethnic Cleansing and Nazi Enslavement, and Their Emigration to America, London 1995.

Waldemar, Lotnik: Nine Lives, London 2015

Sekundärliteratur

Boeckh, Katrin: Stalinismus in der Ukraine. Die Rekonstruktion des sowjetischen Systems nach dem zweiten Weltkrieg, Wiesbaden 2007.

Bruder, Franziska: „Den ukrainischen Staat erkämpfen oder sterben!". Die Organisation (-Ukrainischer Nationalisten (OUN) 1929-1948, Berlin 2007.

Friedrich, Klaus-Peter: Zusammenarbeit und Mittäterschaft in Polen 1939-1045, in: Christoph Diekmann/ Babette Quinkert/ Tatjana Tönsmeyer (hg.), Kooperation und Verbrechen. Formen der Kollaboration im östlichen Europa 1939-1945, Göttingen 2003, S. 113-151.

Golczewski, Frank: Die Kollaboration in der Ukraine, in: Christoph Diekmann/ Babette Quinkert/ Tatjana Tönsmeyer (hg.), Kooperation und Verbrechen. Formen der Kollaboration im östlichen Europa 1939-1945, Göttingen 2003, S. 171-175.

Kappeler, Andreas: Kleine Geschichte der Ukraine, München 2014.

Kochanski, Halik: The Eagle Unbowed: Poland and the Poles in the Second World War, Cambridge 2012.

Korbonski, Stefan: The Polish Underground State. A Guide to the underground, 1939-1945, New York 1978.

Kosyk, Volodymyr: Das dritte Reich und die ukrainische Frage. Dokumente, 1934-1944, München 1985.

Rossolinski-Liebe, Georgs: Debating, obfuscating and disciplining the Holocaust: post-Soviet historical discourses on the OUN–UPA and other nationalist movements, in: East European

Jewish Affairs 42 (2012) 3, Abingdon 2012, S. 199-241.

Rossolinski-Liebe, Grzegorz: Der polnisch-ukrainische Konflikt im Historiendiskurs. Perspektiven, Interpretativonen und Aufarbeitung. Wien 2017.

Rudling, Per Anders: Historical representation of the wartime accounts of the activities of the OUN–UPA (Organization of Ukrainian Nationalists—Ukrainian Insurgent Army), in: East European Jewish affairs 36 (2006) 2, Abingdon 2006, S. 163-189.

Snyder, Timothy: The Causes of Ukrainian-Polish Ethnic Cleansing 1943. In: Past and Present 179 (2003), S.197-234.

Snyder, Timothy: The Reconstruction of Nations. Poland, Ukraine, Lithuania, Belarus, 1569-1999. New Haven 2003.

Snyder, Timothy: To Resolve of the Ukrainian Problem Once and for All, in: Journal of Cold War Studies 1 (1999) 2, S. 86-120.

Spector, Shmuel: the Holocaust of Volhynian Jews. 1941-1944. Israel 1990.

Struve, Kai: Deutsche Herrschaft, ukrainischer Nationalismus, antijüdische Gewalt: Der Sommer 1941 in der Westukraine, 2015.

Milton Keynes UK
Ingram Content Group UK Ltd.
UKHW010634100823
426647UK00004B/159